NOUVEL
ALPHABET

POUR

APPRENDRE AISÉMENT ET PROMPTEMENT A LIRE AUX ENFANS;

Par un ancien Élève de l'Ecole Polytechnique.

L'instruction est la mère de la civilisation.

PREMIÈRE PARTIE.

AU MANS;

DE L'IMPRIMERIE DE MONNOYER, IMPR. DU ROI,

1824.

AVERTISSEMENT.

L'INSTRUCTION étant justement regardée comme un des plus grands bienfaits de la civilisation, nous avons tâché de composer un Alphabet qui pût surtout servir aux parens instruits pour apprendre aisément à lire à leurs enfans. Cette tendre jeunesse, ces petits nous-mêmes qui auront aussi un jour des enfans, méritent bien tous les soins que nous devons prendre d'eux pour qu'ils puissent les rendre, à leur tour, à ceux que nous aimons le plus, au temps de la vieillesse, parce que, sans doute, nous leur ressemblons sous le rapport des facultés physiques et morales. Déjà, des écrivains célèbres ont engagé les mères à nourrir elles-mêmes leurs enfans, pour ne pas abandonner ces soins précieux et salutaires de la maternité à des mains étrangères et quelquefois coupables : nous oserons ajouter que tout indique dans la nature, que les enfans doivent grandir auprès de leurs mères, jusqu'à ce qu'ils connaissent bien tous les dangers auxquels les expose leur inexpérience ; qu'ils n'en doivent être éloignés que lorsque les parens ne peuvent pas commencer leur instruction ; que c'est un bien mauvais usage d'envoyer les enfans à l'école uniquement pour s'en débarrasser ; que les maîtres et maîtresses leur imposent souvent une contrainte nuisible au développement de leurs forces ; qu'il leur serait plus salutaire de jouer ou de courir, que de rester des journées entières assis sur des bancs ; que là ils contractent quelquefois des habitudes qui peuvent avoir une malheureuse influence sur leur avenir ; que ceux qui sont mal enseignés ou qui n'apprennent pas aisément, se frappent insensiblement de l'idée qu'ils ne sauront jamais rien, tandis qu'avec de la patience et un travail bien dirigé on vient à bout de tout. *Patientia omnia vincit.*

L'alphabet que nous offrons au public nous paraît être le plus complet, le plus simple et le plus facile de tous ceux qui ont paru jusqu'à ce jour ; il réunit l'avantage d'aller graduellement du simple au composé, et la marche adoptée dans les sciences, de donner des exemples, pour exercer l'enfant et graver dans sa mémoire les utiles leçons qu'on veut lui donner.

Loin de nous l'idée que les enfans doivent être instruits isolément, nous pensons, au contraire, qu'il convient de les réunir, mais rarement avant l'âge de dix ans, et qu'il faut les faire travailler par jour, depuis cinq ans jusqu'à dix, dans la progression suivante, 1, 2, 3, 4, 5, 6 heures.

Cet alphabet peut encore convenir aux personnes de tout âge qui, ayant négligé d'apprendre à lire, veulent enfin posséder ce précieux trésor.

LETTRES.

A a. B b. C c. D d. E e. F f. G g. H h. I i. J j. K k. L l. M m. N n. O o. P p. Q q. R r. S s. T t. U u. V v. X x. Y y. Z z.

Voyelles.

a. e. i. o. u. y.

Consonnes.

b. c. d. f. g. h. j. k. l. m. n. p. q. r. s. t. v. x. z.

Syllabes d'une seule lettre.

a, à, â. e, é, è, ê. i, ì, î. o, ò, ô. u, ù, û, y.

Syllabes de deux lettres à épeler et à lire.

ba, be, bi, bo, bu, by.
ca, ce, ci, co, cu, cy.
da, de, di, do, du, dy.
fa, fe, fi, fo, fu, fy.
ga, ge, gi, go, gu, gy.
ha, he, hi, ho, hu, hy.
ja, je, ji, jo, ju, jy.
ka, ke, ki, ko, ku, ky.
la, le, li, lo, lu, ly.
ma, me, mi, mo, mu, my.
na, ne, ni, no, nu, ny.
pa, pe, pi, po, pu, py.
ra, re, ri, ro, ru, ry.
sa, se, si, so, su, sy.

ta, te, ti, to, tu, ty.
va, ve, vi, vo, vu, vy.
xa, xe, xi, xo, xu, xy.
za, ze, zi, zo, zu, zy.

Mots à épeler et à lire.

Bu. ce. ci. de. du. fi. je. la. le. lu. ma. me. ne. ni. nu. sa. se. si. su. ta. te. tu. va. vu. ami. papa. cage. dame. rage. cave. rave. sage. mari. ravi. ceci. ici. demi. midi. joli. lime. une. lune. uni. mine. rive. menu. venu. Rome. malade. madame. salade. parade. ravage. nuage. malice. potage. tapage. orage. pommade. image. minute. nature. parure. idole. facile. habile. fiole. docile. utile. petite. figure. revenu. domino. regalade. serenade. habitude. suicide. homicide.

Autres syllabes de deux lettres à épeler et à lire.

bâ, bé, bê, bî, bô, bû.
câ, cé, cê, cî, cô, cû.
dâ, dé, dê, dî, dô, dû.
fâ, fé, fê, fî, fô, fû.
gâ, gé, gê, gî, gô, gû.
hâ, hé, hê, hî, hô, hû.
jâ, jé, jê, jî, jô, jû.
kâ, ké, kê, kî, kô, kû.
lâ, lé, lê, lî, lô, lû.
mâ, mé, mê, mî, mô, mû.
nâ, né, nê, nî, nô, nû.
pâ, pé, pê, pî, pô, pû.

râ,	ré,	rê,	rî.	rô,	rû.
sâ,	sé,	sê,	sî,	sô,	sû.
tâ,	té,	tê,	tî,	tô,	tû.
vâ,	vé,	vê,	vî,	vô,	vû.
xâ,	xé,	xê,	xî,	xô,	xû.
zâ,	zé,	zê,	zî,	zô,	zû.
d'a,	d'e,	d'i,	d'o,	d'u,	d'y.
l'a,	l'e,	l'i,	l'o,	l'u,	l'y.
m'a,	m'e,	m'i,	m'o,	m'u,	m'y.
n'a,	n'e,	n'i,	n'o,	n'u,	n'y.
s'a,	s'e,	s'i,	s'o,	s'u,	s'y.
t'a,	t'e,	t'i,	t'o,	t'u,	t'y.
ça,	»	»	ço,	çu.	»

Mots à épeler et à lire.

L'y. m'y. s'y. t'y. ça. âge. âme. île. âne. salé. gelé. père. mère. même. bête. tête. gîte. vîte. jeté. gêné. lié. mené. tué. sué. vexé.

Adèle. fidèle. école. nièce. épine. vanité. vérité. unité. piété. pitié. féroce. ménage. amené. vénéré. régalé. ramené. mérité. relevé.

Amitié. calamité. facilité. rivalité. vivacité. véracité. aménité. habileté. égalité. rivière. fidélité. divinité. lumière. félicité. inimitié. Adélaïde. familiarité.

L'âge. l'âme. l'âne. l'ami. l'image. l'idole. l'école. l'orage. l'unité. l'amitié. l'inimitié.

Phrases à épeler et à lire.

Ma mère m'y menera. Le père Jérôme

va à Rome. L'âne va à la rivière. Madame a vu l'orage. Adèle a la mine d'une dame. Sa nièce ira à l'école. Le mari a su la vivacité de sa dame. Le sage a pitié même d'une bête. Adélaïde a mérité une image. La divinité anime la nature. L'amitié ramènera ce fidèle ami.

OBSERVATIONS.

L'accent (`) se prononce ordiuairement comme l'accent (^).

L'apostrophe (')ne change rien à la prononciation des lettres.

L' *s* entre deux voyelles se prononce comme un *z*, exemple :

Asile, *usage*, *mesure*, *usure*, *visite*, etc.

On ne saurait trop faire observer aux enfans, qu'en nommant les lettres ils prononcent presque les syllabes qui expriment toujours un son composé des lettres qui forment la syllable, par exemple : *b*, *a*, *ba*; dans *ba* on trouve le son du *b* et de l'*a*; *c*, *a*, *ca*; dans *ca* on trouve le son du *c* et de l'*a*; et ainsi de suite pour toutes les syllabes, de sorte qu'il est vrai et bien important de dire et répéter souvent aux enfans, qu'en nommant les lettres, ils prononcent presque les syllabes.

Nous ajouterons que le maître doit toujours lire la leçon à l'enfant avant d'essayer à la lui faire lire ; qu'il n'est pas absolument nécessaire que l'écolier sache parfaitement une leçon pour lui en faire commencer une autre ; mais qu'il faudra toujours lui faire relire sans épeler les précédentes leçons.

Autres syllabes de deux lettres.

ab,	eb,	ib,	ob,	ub.
ac,	ec,	ic,	oc,	uc.
ad,	ed,	id,	od,	ud.
af,	ef,	if,	of,	uf.
ag,	eg,	ig,	og,	ug.
ah,	eh,	ih,	oh,	uh.
ak,	ek,	ik,	ok,	uk.

al,	el,	il,	ol,	ul.
am,	em,	im,	om,	um.
an,	en,	in,	on,	un.
ap,	ep,	ip,	op,	up.
ar,	er,	ir,	or,	ur.
as,	es,	is,	os,	us.
at,	et,	it,	ot,	ut.
ax,	ex,	ix,	ox,	ux.
az,	ez,	iz,	oz,	uz.

Mots à épeler et à lire.

ah. eh. oh. il. an. en. on. un. or. as. os. et. abbé. acte. Anne. ange. arme. allé. elle. haïr. ciel. fiel. miel. pied. bien. rien. mien. tien. sien. lien. Inde. onze. lion. hier. lier. tuer. suer.

Accusé. ancien. admiré. arrêté. appelé. arrosé. entamé. enragé. engagé. empire. encore. envolé. enrolé. entêté. enlevé. pierre. papier. espace. estimé, excité. excusé espéré. exposé. imposé. impuni. infini. injure infâme. union. Ursule. aviez. deviez. étiez. seriez. alliance. amazone. ancienne. attitude. assiette. artifice. efficace. enseveli. efféminé. escalier. habituel. héritier. familier. illusion. impureté. impérial. immobile. imbécile. impiété. intimité. individu. indocile. invétéré. officier. occasion. division. infusion. ornière. purifier. réunion. irrésolu.

Action. patience. bienséance. admiration. abjuration. absolution. éducation. réputation.

réparation. expédition. exhumation. résolution. indication. occupation. illumination.

Phrases à épeler et à lire.

Un accusé a été jugé hier. Un officier a été tué et enseveli. Un abbé a tué un lion. Un remède ancien a été bien efficace. Il a vu une arme bien utile. Il y en a encore onze. L'éducation fera sa réputation. Il y a ici un individu bien familier. Il médite une expédition. Elle admire un joli escalier. On entamera un pâté de viande. On estime un habile écolier. On fera en réunion la division de ce bien. On tirera à ce malade un os du pied. Il a une manière de bien étudier. La sienne sera la mienne.

OBSERVATIONS.

On aura soin de faire observer que *ti* suivi d'une voyelle se prononce ordinairement comme *si* ; et que l'*r* ne se prononce pas toujours à la fin des mots.

Syllabes de trois lettres.

bla, ble, blé, blê, bli, blo, blu.
bra, bre, bré, brê, bri, bro, bru.
cha, che, ché, chê, chi, cho, chu.
cla, cle, clé, clê, cli, clo, clu.
cra, cre, cré, crê, cri, cro, cru.
dra, dre, dré, drê, dri, dro, dru.
fla, fle, flé, flê, fli, flo, flu.
gla, gle, glé, glê, gli, glo, glu.
gna, gne, gné, gnê, gni, gno, gnu.

gra, gre, gré, grê, gri, gro, gru.
gua, gue, gué, guê, gui, guo, guu.
l'ha, l'he, l'hé, l'hê, l'hi, l'ho, l'hu.
pha, phe, phé, phê, phi, pho, phu.
pla, ple, plé, plê, pli, plo, plu.
pra, pre, pré, prê, pri, pro, pru.
qua, que, qué, quê, qui, quo, quu.
sca, sce, scé, scê, sci, sco, scu.
spa, spe, spé, spê, spi, spo, spu.
sta, ste, sté, stê, sti, sto, stu.
tha, the, thé, thê, thi, tho, thu.
tra, tre, tré, trê, tri, tro, tru.
vra, vre, vré, vrê, vri, vro, vru.

Mots à épeler et à lire.

Blé. clé. gré. gué. pré. pli. que. qui. tri. blâme. table. noble. capable. sabre. libre. arbre. célèbre. abri. obligé. rétabli. ombre. brisé. brave. ombrage. brûlé. brune. brute. charité. caché. hache. lâche. chêne. chère. chute. tache. attaché. chéri. péché. chien. riche. chute. oncle. enclume. esclave. inclination. sacré. sacrilège. sacrifice. sacrifier. secrète. crime. écrire. cruel. cruche. créancier. drame. mélodrame. ordre. drôle. Drôme. flèche. flûte. flexible. réfléchi. frère. frime. offre. frêne. négligé. glace. règle. église. digne. indigne. vigne. ignoré. règne. dignité. grade. grâce. grêle. agréable. grimace. tigre. vague. bague. guide. déguisé. place. plier. déplorable. plume, praticable. prévenu. prise.

premier. méprise. plier. opprobre. reproche. propre. proche. prune. qualité. attaque. quête. république. magnifique. chaque. critique. réplique. qui pro quo. qui-vive. spéculation. spirale. inspiré. spirituel. station. statique. stérilité. stipulation. stoïque. stupide. stupidité. thême. thèse. théorême. théologale. trace. trame. tragique. entre. notre. votre. quatre. astre. entretien. trinité. triage. triangle. tribune. trône. tropique. truelle. trufe. ivre. ivrogne. vivre. livre. lèvre.

Phrases à épeler et à lire.

Notre oncle viendra ici. Votre frère admire notre promenade. Ma mère dira ce que votre nièce fera. La nature anime notre globe. Il attaqua une république en Amérique. Sa propre nièce a quêté à l'église. Il a brisé sa plume. Un entretien spirituel n'amuse guère un ivrogne. Ce chêne deviendra un arbre bien flexible. Tu es un misérable, un tigre cruel, tu es indigne de vivre. Il a lu un livre qui mérite d'être brûlé. Il néglige de prier le ciel à l'église. Le prêtre fera ce sacrifice. On a ordre de tuer ce chien enragé. On dînera quatre à table. Tu es capable de lire ce livre. On achetera ce pré et une vigne. Une place a été prise hier en Allemagne. Ce poète méprise la critique, il a une réplique spirituelle. Madame se rétablira de sa chute. Le brave mérite une place agréable. Le lâche ne mérite que d'être méprisé. Un habile écolier fera bien un thême. Une petite écolière qui ne lira guère sera une stupide esclave et une imbécile.

Autres syllabes de trois lettres à épeler et à lire.

bac, bal, bam, ban, bar, bas, bat.
cac, cal, cam, can, car, cas, cat.
dac, dal, dam, dan, dar, das, dat.
fac, fal, fam, fan, far, fas, fat.
gac, gal, gam, gan, gar, gas, gat.
hac, hal, ham, han, har, has, hat.
jac, jal, jam, jan, jar, jas, jat.
kac, kal, kam, kan, kar, kas, kat.
lac, lal, lam, lan, lar, las, lat.
mac, mal, mam, man, mar, mas, mat.
nac, nal, nam, nan, nar, nas, nat.
pac, pal, pam, pan, par, pas, pat.
rac, ral, ram, ran, rar, ras, rat.
sac, sal, sam, san, sar, sas, sat.
tac, tal, tam, tan, tar, tas, tat.
vac, val, vam, van, var, vas, vat.
xac, xal, xam, xan, xar, xas, xat.
zac, zal, zam, zan, zar, zas, zat.

Mots à épeler et à lire.

Bac. bal. bas. car. cas. fat. lac. l'an. las. mal. mât. par. pas. ras. rat. sac. sas. tan. tas. tu vas. tac-tac. tabac. banquier. banque. barbe. barbare. barbier. barque. barre. barrière. bascule. basse. battre. battu. calculé. calme.

calmé. campagne. campé. candi. canne. cantique. carcan. carde. carme. carnation. carnaval. carpe. carrelage. carte. cascade. casque. casserole. dalle. Adam. damné. damnation. danse. facture. falbala. falsification. fange. fantôme. farce. faste. frugal. gambade. gangrène. gantier. garde. gardien. gargote. garni. garniture. halte. halle. hanche. hardi. hardiesse. harpe. janvier. jardinier. lambin. lampe. lampion. lance. lancier. lande. landier. langage. langue. large. larme. lasse. lassitude. animal. malgré. malhabile. malpropre. maman dimanche. mandat. il mange. elle mange. amande. manque. mante. marbre. marché. marche. marmote. mardi. marque. marmite. marquise. mascarade. masse. canal. cannibale. national. infernal. nanti. sénat. tribunal. palme. palpitation. pampre. pancarte. pantomime. parmi. parceque. par-delà. parfumé. parjure. parlà. parnasse. parque. parricide. partage. participe. particulier. pascal. passable. passage. passé. passion. pastoral. passible. général. rural. caporal. rampe. rangé. orange. rassasié. rassuré. salle. salpètrière. sandale. sangle. sanglier. santé. sarbacane. sarcasme. sardine. tactique. hôpital. tanche. tante. tartufe. tasse. vassal. hazardé.

Phrases à épeler et à lire.

Le rat a mangé la tarte. La carpe se mange frite. Ma tante ira dimanche à la campagne. On dansera mardi à la noce de madame la marquise. Le passé ne reviendra pas. La santé de ce fat se dérange. Ce général a été caporal. Tu mèneras ce cheval à la rivière. Tu ne dîneras pas parce que tu as été bien lambin à lire. Tu diras à ta maman que tu as vu la mascarade du carnaval. Ce banquier passera par Arras. Il a cassé sa tasse. On passe la rivière en une barque. Ce passage mène à la salle de bal. Il marche pas à pas. Le mal arrive à cheval. Ce scélérat mérite le carcan. On se lasse d'être à la campagne. Adam a été notre premier père. L'alarme se répandra parmi la populace. Le sucre candi calme le rhûme. Tu parleras la langue allemande. Ce lancier de la garde repassera par ici en janvier. Tu vas lire à l'église un cantique. Dimanche il mangera une tanche à la gargote. Elle fera une garniture à la robe de madame la marquise. Maman m'achetera une canne. On mangera une orange en salade. Par delà le ciel il y a un espace infini. Par là il y a un passage praticable. Tu feras une farce de carnaval. Tu acheteras une livre de tabac. Tu liras l'alcoran en Grèce. Tu passeras la barrière. Un cannibale le mangera en Afrique. Si tu es malpropre tu seras battu par ta maman.

Autres syllabes de trois lettres à épeler et à lire.

bec, bel, bem, ben, ber, bes, bet.
cec, cel, cem, cen, cer, ces, cet.

dec, del, dem, den, der, des, det.
fec, fel, fem, fen, fer, fes, fet.
gec, gel, gem, gen, ger, ges, get.
jec, jel, jem, jen, jer, jes, jet.
kec, kel, kem, ken, ker, kes, ket.
lec, lel, lem, len, ler, les, let.
mec, mel, mem, men, mer, mes, met.
nec, nel, nem, nen, ner, nes, net.
pec, pel, pem, pen, per, pes, pet.
rec, rel, rem, ren, rer, res, ret.
sec, sel, sem, sen, ser, ses, set.
tec, tel, tem, ten, ter, tes, tet.
vec, vel, vem, ven, ver, ves, vet.
xec, xel, xem, xen, xer, xes, xet.
zec, zel, zem, zen, zer, zes, zet.

Mots à épeler et à lire.

Bec. bel. ces. des. fer. jet. mes. il met. sec. ses. belle. bergère. berline. bestial. bette. cellier. cellule. cendre. censure. centième. centre. cerbère. cercle. certificat. cervelas. cession. cette. densité. dernier. derrière. descente. dessellé. déshonorable. despote. destination. destitution. détestable. dette. femme. fendre. fermage. ferme. fermeté. fermier. ferrure. fertile. genre. gendre. gerbe. gerçure. geste. gestion. gesticulation. herbage. herbe. hermitage. hermite. herse. sujette. projet. trajet. lecture. lente. lessive. leste. lettre. filet. caramel. semelle. membre. mendicité. mental. mention. merci. mercredi. merlan. merle. mesquine.

mesquine. messager. messe. Mahomet. nectar. prunelle. originel. dîner. miner. dessiner. ânesse. nette. netteté. pectoral. pelle. rappel. pendre. pendu. pendule. pension. pente. Pentecôte. percer. perche. perdition. perdre. perfection. perfide. permettre. perpétuel. perruque. persécution. persévérance. peste. pestiféré. pestilentiel. rectangle. rectification. rectitude. remballer. rembarrer. rembruni. rempli. renchéri. rendre. rendu. renfermé. rente. rentré. tirer. retirer. respectable. respecté. respiration. ressenti. restante. reste. restitution. tirer. secte. section. selle. sellette. semblable. sensation. sensible. sentinelle. serge. serpe. serpette. serpolet. serrer. serrurier. servante. service. serviette. session. ressasser. telle. tempe. tempérance. tempête. temple. temporel. tendance. tendre. tenter. terme. ternir. terrasse. terre. terrible. terrine. velte. vendange. vendre. vendredi. vendu. venger. vente. ventre. verbal. verbe. verbiage. verdure. verge. vergette. vermicelle. verre. versante. verser. version. verte. vertical. vertu. vestale. veste. vestibule.

Phrases à épeler et à lire.

Mercredi et vendredi cet écolier mettra sa belle veste. La santé de cette dame reviendra avec la verdure. Sa vertu la rendra estimable. La sagesse de cette femme

la fera respecter. Cette bergère ressemble à ses père et mère. Ce parricide a un geste terrible. On ira visiter la ferme de la belle fermière. On fermera le passage de cet hermitage. Avec de la persévérance on finira par bien lire et aller en pension. Allez seller votre cheval. Elle a ressenti une sensation désagréable. Il vendra la vendange de sa vigne. Il verse un verre de cidre de prunelle. Cette serviette servira à table. A la Pentecôte on recevra la rente d'une ferme. Sa pension sera semblable à la mienne. Cette femme a une respiration bien pénible. Il rentrera le ventre bien rempli. Lundi ce perfide ennemi sera pendu. La peste ravagera l'Espagne. On permettra d'aller se promener. On a perdu un chien tigré. Il mettra sa belle perruque. La persécution a désolé l'Allemagne. Cette écriture sera bien nette. Il parle avec incertitude. On ira entendre la messe. Cet écolier dessinera avec perfection. La perte de sa femme l'a rendu malade. Il a perdu sa réputation avec sa vertu. Cette écolière a un verbiage sempiternel. La terre a un centre d'action. Cet herbage sera fertile. Il perdra un membre à se battre et sera le dernier à bien écrire une lettre.

Autres syllabes de trois lettres à épeler et à lire.

bic, bil, bim, biu, bir, bis, bit.
cic, cil, cim, cin, cir, cis, cit.

dic, dil, dim, din, dir, dis, dit.
fic, fil, fim, fin, fir, fis, fit.
gic, gil, gim, gin, gir, gis, git.
hic, hil, him, hin, hir, his, hit.
jic, jil, jim, jin, jir, jis, jit.
kic, kil, kim, kin, kir, kis, kit.
lic, lil, lim, lin, lir, lis, lit.
mic, mil, mim, min, mir, mis, mit.
nic, nil, nim, nin, nir, nis, nit.
pic, pil, pim, pin, pir, pis, pit.
ric, ril, rim, rin, rir, ris, rit.
sic, sil, sim, sin, sir, sis, sit.
tic, til, tim, tin, tir, tis, tit.
vic, vil, vim, vin, vir, vis, vit.
xic, xil, xim, xin, xir, xis, xit.
zic, zil, zim, zin, zir, zis, zit.

Mots à épeler et à lire.

Bis. tu dis. il dit. fil. fin. tu fis. il fit. lin. tu lis. il lit. mil. tu mis. il mit. pic. tic. vil. vin. vis. vis-à-vis. les ris. s'il. alambic. bille. billet. bis-bille. biscaïen. bissac. cinquième. cintre. circuler. cirque. dicter. diction. dinde. affadir. disciple. discipline. discrédit. discrétion. disgrâce. disposé. disposition. dispute. paradis. dissention. dissiper. distingué. bandit. érudit. il dit. fiction. fille. fillette. filtre. tu fis. il fit. agir. logis. tu agis. il agit. historien. historiette. historique. lisser. liste. ministre. tu finis. il finit. mic mac. mille. famille. millième. millier. million. mince. mirliflore. permis. miscible. mission. missive. tu remis.

il remit. sinistre. repic. piller. pimbêche. pimpante. pimprenelle. pince. pincer. pincette. pinte. pistole. pistolet. pittoresque. vis-à-vis. rincer. risque. tu ris. il rit. siccité. fusil. persil. simple. simplicité. simplifier. sincère. sincérité. singe. singer. singulier. réussir. tu réussis. il réussit. gentil. tillac. timbale. timbre. mutin. tinter. sentir. tu sentis. il sentit. victime. village. ville. divin. sévir. tu sévis. il sévit. exil. existante. existence. exister. élixir.

Phrases à épeler et à lire.

Il a été victime de sa simplicité. Il risque de mal finir. Cette famille réussit bien. La fille du village va le matin en ville. Ce ministre sera disgrâcié. Cette discution finira par une dispute. Votre ami fera agir le crédit de ma fille. Le singe fit le mutin. Il ne finit pas son repas par un verre de vin. Il risque de se tuer avec ce fusil. Ce divin historien fera sentir la simplicité de la belle nature. Il mit de la sincérité à le servir. Ce mirliflore a remis une pistole à madame Pimbêche. Il mit en circulation un cinquième billet de banque. Tu lis une historiette amusante. Cette famille a reçu un million en or. Tu finis une lecture bien sinistre. Cet écolier fera un érudit bien distingué. On se dispose à bien et vîte agir. On demandera un permis de vendre du vin à la pinte. Ce sincère ami a permis de vendre du vin à la pinte. Il risque de se tuer à tirer ce pistolet. Cette fille va rincer un verre. On mange de la pimprenelle en salade. Le persil ne réussit pas en cette terre. Cette pincette ne pince pas bien. Cette fille rit malgré elle. L'ennemi a permis de piller la Pologne. Le cintre de cet arche sera bien simple. Ce village deviendra une ville remarquable. Il ira finir sa carrière en l'Inde. Ce général se rendit à discrétion. Il sera mis sur la liste électorale. On va simplifier la discipline allemande. Il a vu le cirque olympique de Rome. On dit que Paris ressemble à un paradis terrestre.

Autres syllabes de trois lettres à épeler et à lire.

boc,	bol,	bom,	bon,	bor,	bos,	bot.
coc,	col,	com,	con,	cor,	cos,	cot.
doc,	dol,	dom,	don,	dor,	dos,	dot.
foc,	fol,	fom,	fon,	for,	fos,	fot.
goc,	gol,	gom,	gon,	gor,	gos,	got.
hoc,	hol,	hom,	hon,	hor,	hos,	hot.
joc,	jol,	jom,	jon,	jor,	jos,	jot.
koc,	kol,	kom,	kon,	kor,	kos,	kot.
loc,	lol,	lom,	lon,	lor,	los,	lot.
moc,	mol,	mom,	mon,	mor,	mos,	mot.
noc,	nol,	nom,	non,	nor,	nos,	not.
poc,	pol,	pom,	pon,	por,	pos,	pot.
roc,	rol,	rom,	ron,	ror,	ros,	rot.
soc,	sol,	som,	son,	sor,	sos,	sot.
toc,	tol,	tom,	ton,	tor,	tos,	tot.

voc, vol., vom, von, vor, vos, vot.
xoc, xol, xom, xon, xor, xos, xot.
zoc, zol, zom, zon, zor, zos, zot.

Mots à épeler et à lire.

Bol. bon. col. cor. dol. don. dos. dot. fol. for. lot. mol. mon. non. nos. pot. soc. sol. son. sot. ton. tôt. vol. vos. bombance. bombarder. bombe. bonne. bonbon. bonnet. bonté. bordage. bordure. bossu. botte. bottine. bottier. coction. collatéral. collation. colle. collectif. collier. colline. combat. combattre. combien. comble. commander. comme. commencer. commerce. commis. commettre communication. communion. compagne. compas. compatriote. compère. complice. comte. comtesse. conciliation. conclure. conclusion. condamnation. condition. confession. confiance. confondre. confiture. confrère. congé. conquête. conscience. considération. consister. consolation. conspiration. constance. constitution. continuel. contradiction. contredanse. contredire. convenir. contribution. cordage. corde. cordelier. cordial. cormier. cornu. cornet. corpulence. correction. corriger. corrompre. cortège. colle. costume. haricot. doctoral. doctrine. dommage. dondon. donner. dormir. dossier. folle. follette. foncier. fondation. fonder. fondre. fontange. forçat. force. forcer. forger. forme. formé. forte. fortune. fosse. fossé. golfe. gomme. gondole.

gorge. engorgé. Hollande. hommage. homme. honnête. honte. horloge. horloger. horrible. hospice. hospitalité. halte. longue. longévité. longitude. à la longue. mollesse. molleton. mollir. monde. montagne. monter. montre. amorce. mordre. morfondre. mortel. émotter. nocturne. nombre. nommer. nonne. Normande. pomme. pompier. pompe. pompon. pontife. porche. porte. porter. portier. posséder. possession. poste. postérité. postillon. entrepôt. Maroc. Tirol. rompre. ronce. ronde. ronger. rosse. rossinante. angelot. soldat. sollicitude. sombre. somnambule. songe. mensonge. sonner. sonnette. sorcier. sorte. sortir. sottise. tocsin. tombe. tomber. tondre. menton. tonne. tonnelle. tonnerre. torche. tordre. torticolis. toscan. torture. bientôt. volte-face. voltiger.

Phrases à épeler et à lire.

La volonté de mon oncle sera conforme à sa bonté. Il se comportera comme un bon soldat. A la longue cet écolier sera forcé de se corriger. La fortune de cet homme annonce un personnage distingué. A force de forger on deviendra forgeron, comme à force de lire on lira bien. Ce postillon portera bientôt une montre en or. Cette bonne Normande porte une robe de molleton. Madame la comtesse donne une pomme à une nonne. Un honnête homme met sa confiance en sa conscience. Le torticolis empêche de dormir à bien du monde. Son nom passera à la postérité ; ce sera une forte récompense. Le démon commande en enfer comme un véritable tyran. Il conviendra de bien se comporter à l'avenir. Cette montagne domine une colline. Le tonnerre tonne d'une manière horrible. Le tocsin a sonné l'alarme. On fera sortir le monde à la ronde. Le canon annonce une conquête. Le poste de l'ennemi a été forcé. Ce cavalier sera emporté par son rossinante. Ce soldat porte l'uniforme de la garde. Le mensonge mérite une forte punition. Cette tonnelle donne une ombre bien agréable.

Autres syllabes de trois lettres à épeler et à lire.

buc,	bul,	bum,	bun,	bur,	bus,	but.
cuc,	cul,	çum,	cun,	cur,	cus,	cut.
duc,	dul,	dum,	dun,	dur,	dus,	dut.
fuç,	ful,	fum,	fun,	fur,	fus,	fut.
guc,	gul,	gum,	gun,	gur,	gus,	gut.
huc,	hul,	hum,	hun,	hur,	hus,	hut.
juc,	jul,	jum,	jun,	jur,	jus,	jut.
kuc,	kul,	kum,	kun,	kur,	kus,	kut.
luc,	lul,	lum,	lun,	lur,	lus,	lut.
muc,	mul,	mum,	mun,	mur,	mus,	mut.
nuc,	nul,	num,	nun,	nur,	nus,	nut.
puc,	pul,	pum,	pun,	pur,	pus,	put.
ruc,	rul,	rum,	run,	rur,	rus,	rut.
suc,	sul,	sum,	sun,	sur,	sus,	sut.
tuc,	tul,	tum,	tun,	tur,	tus,	tut.

vuc, vul, vum, vun, vur, vus, vut.
xuc, xul, xum, xun, xur, xus, xut.
zuc, zul, zum, zun, zur, zus, zut.

Mots à épeler et à lire.

but. Duc. dur. tu dus. il dut. fur. tu fus. il fut. jus. l'un. tu lus. il lut. mur. nul. pur. tu pus. il put. suc. sur. tu sus. il sut. bulle. bulletin. burlesque. busse, buste. butte. cul-de-sac. culbute. culte. cultiver. culture. curviligne. écusson. ductile. dulcifier. durcir. endurcir. fulmination. fulminer. furtif. fustiger. affut. je fus. tu fus. il fut. gustation. guttural. humble. hurler. hutte. junte. jusque. juste. justesse. justice. justification. lundi. lustre. lutte. lutter. multiple. multiplication. multiplicité. murmurer. muscade. muscadin. muscle. camus. nulle. nullité. pulmonique. pulsation. pulvérisation. purgatif. purgation. purger. purpurin. crépuscule. occiput. rusticité. rustique. rustre. succéder. succès. successif. succession. succomber. succursale. sultan. sultane. surdité. surface. surjet. surmontable. surmonter. surnager. surnaturel. surnom. surnommer. surpasser. surprise. surséance. sursis. surtaxe. survendre. survenir. survider. survivre. susciter. susdit. suspecte. suspendre. suspendu. suspense. suspension. suspicion. turban. turbot. turbulence. à la turque. turlure. turlupin. turpitude. vulnérable. invulnérable.

Phrases à épeler et à lire.

La Sultane a succédé à son mari le Sultan. Lundi il possédera une belle succession. Un léger murmure a occasionné une forte surprise à un somnambule. Ce soldat se coëffe à la turque avec un turban. La multitude le regarde comme un homme invulnérable. Il a succombé malgré son juste et premier succès. Il surnage sur la surface liquide de la mer. On purgera ce pulmonique avec une purgation mortelle. Il reçut une busse entière de ce bon jus. Il sera suspecté avec le surnom de musulman. Ce purgatif rendra cette surdité incurable. Ce muscadin ne surpassera pas le rustique et susdit écolier. La justice a suspendu ce procès injuste. Il fut regardé comme un homme bien juste. Il reçut le nom d'invulnérable. Ce rustre s'exprime avec justesse. Ce muscadin a le nez camus. Le chemin de cette butte sera curviligne. Il sut endurcir son caractère. Jusque-là il n'y a rien à rajuster. On n'entendra nulle justification. Un phénomène surnaturel surviendra bientôt. Le succès surpasse son attente. Ce rustre survivra à sa profonde misère. L'un fut tué en Espagne. Il sut respecter le culte de la religion. A fur et à mesure que cet écolier lira bien il contentera son père et sa mère.

OBSERVATIONS.

Les cinq derniers tableaux doivent être regardés comme des syllabes de trois lettres qui concourent à la formation d'une foule de mots que nous avons dû nécessairement omettre; ainsi que bien d'autres formés d'une manière analogue, tels que *six*, *dix*, *cep de vigne*, *canif*, *chétif*, *allez*, *nez*, *biffer*, etc.

L' *l* ne se prononce pas à la fin de certains mots comme dans *fusil*, *persil*, *gentil*, etc.

L' *r* ne se prononce pas toujours à la fin de certains mots comme dans *dîner*, *manger*, *danser*, *berger*, *verger*, etc.

L' *s* ne se prononce pas à la fin d'une foule de mots; elle exprime seulement qu'on veut parler de plusieurs personnes ou de plusieurs choses, comme,

Des pères respectables, *des hommes malades*, *les bonnes pommes*, *les tables rondes*, *des lettres bien écrites*, *des syllabes bien simples*, *les bergers*, *les vergers*, etc.

L' *s* souvent aussi ne se prononce pas et ne sert qu'à la beauté du langage, comme quand on dit:

Tu manges une pomme, *tu danses une contredanse*, *tu sentis une violente émotion*, *tu finis un repas*, *tu reçus un livre*, *tu vendis un cheval*, etc.

Quelquefois cette même lettre fait allonger la syllabe comme s'il y avait un accens circonflexe sur la voyelle, comme dans ces mots, *les*, *des*, *mes*, *tes*, *ses*, *succès*, *procès*, *las*, *compas*, *tracas*, *cas*, *je rendis*, *je sentis*, *dos*, *os*, *propos*, *je lus*, *je reçus*, etc.

Le *t* ne se prononce pas ordinairement dans une foule de mots, comme dans *il est*, *ils ont*, *ils sont*, *il rendit*, *plat*, *forçat*, *assignat*, *il reçut*, etc.

On prononce comme s'il n'y avait point d'apostrophe les mots; l'*arbre*, l'*arme*, l'*estime*, l'*espérance*, l'*intention*, l'*invitation*, l'*irritation*, l'*onde*, l'*or*, l'*urne*, l'*urgence*, etc.

Les deux *ll*, dans certains mots, se prononçant d'une manière toute particulière, sont ce qu'on appelle mouillées; comme dans ces mots; *fille*, *famille*, *sillon*, *postillon*, etc.

Enfin nous ferons observer qu'avant de commencer la seconde partie de cet alphabet, il conviendra de faire relire rapidement cette première.

SECONDE PARTIE.

Syllabes de deux et trois lettres à épeler et à lire.

ée, ei, ie, œ, ue, uy.
ai, au, eu, oi, ou, ui.
bai, bau, beu, boi, bou, bui.
cai, cau, ceu, coi, cou, cui.
dai, dau, deu, doi, dou, dui.
fai, fau, feu, foi, fou, fui.
gai, gau, geu, goi, gou, gui.
hai, hau, heu, hoi, hou, hui.
jai, jau, jeu, joi, jou, jui.
kai, kau, keu, koi, kou, kui.
lai, lau, leu, loi, lou, lui.
mai, mau, meu, moi, mou, mui.
nai, nau, neu, noi, nou, nui.
pai, pau, peu, poi, pou, pui.
rai, rau, reu, roi, rou, rui.
sai, sau, seu, soi, sou, sui.
tai, tau, teu, toi, tou, tui.
vai, vau, veu, voi, vou, vui.
bée, cée, dée, fée, gée, hée.
jée, kée, lée, mée, née, pée.
rée, sée, tée, vée, xée, zée.
bie, cie, die, fie, gie, hie.
jie, kie, lïe, mie, nie, pie.
rie, sie, tie, vie, xie, zie.
bue, cue, due, fue, gue, hue.

jue, kue, lue, mue, nue, pue.
que, rue, sue, tue, vue, xue.
mei, nei, pei, rei, sei, vei.
aux, eau, eur, eut, eux, œu.
ain, air, aus, oie, oui, our.

Mots à épeler et à lire.

Bai. cou. d'ou. feu. foi. fou. gai. j'ai. jeu. loi. lui. mai. moi. mou. peu. Roi. soi. sou. toi. aimer. aimé. aimable. aile. aisé. auberge. aucun. audace. Auguste. aumône. Anne. aurore. eucologe. Europe. Euterpe. oisif. oisive. oisiveté. oison. oubli. oublier. outil. outrage. outrepasser. ouverte. ouvrage. ouvrière. baigné. baudet. baume. embaumer. boire. boîte. bouche. bouchère. boucle. bouder. boudin. bouger. bougie. boule. boulet. bouleverser. boulon. boutique. bouton. boyau. cause. causer. cautère. caution. couché. coucou. coude. coudre. couette. couler. coulisse. coupable. couper. couple. coupure. courage. courir. couronne. cousin. cousine. coutelier. couter. coutume. couture. couverture. cuirasse. cuire. cuisine. cuite. cuivre. daigné. daube. dauber. deuxième. double. doublé. doublure. douce. douceâtre. doué. douze. douziéme. séduire. réduire. enduire. faire. fainéante. fainéantise. faisable. faisan. faite. faîte. faucille. faufiler. faute. fauvette. feutre. feuille. faire. foison. foisonner. foudre. fougère. fouet. fouetter. fouille. fougue. foule. fouler. foulure. fuite. gai. gaie. gaieté. gaîne. gauche. gauchère.

gaufre. gauloise. gaule. goitre. goujon, goulet. goulot. goulu. goulue. gouter. gouvernante. gouverner. guide. guider. guidon. guise. guitare. hane. haînte. haute. justice. hautesse. heure. heureuse. houlette. huile. huilier. huitième. huître. jaunâtre. jaune. jaunir. jaunisse. jeudi. jeûne. jeûner. jeune. jeunesse. joie. joue. jouer. joueuse. jouir. jouissance. joûter. juive. laide. laine. laitage. laitière .laize. laurier. Laure. lauriot. loire. loisible. loisir. louable. louange. louche. louer. louis. loupe. loutre. louve. louvre. luire. reluire. luisante. maigre. maigrelet. maire. maison. maisonnette. maître. maîtriser. maudire. maudit. maudite. mauve. mauviette. meuble. meule. meunier. meute. émeute. moine. moisi. moisir. moitié. mouche. moucheron. moudre. moule. moulin. mourante. mourir. moutarde. mouton. naître. naufrage. nautique. nautonnier. neuve. neutre. neuvaine. neuvième. nuire. nuisible. nuitée. paire. paisible. paître. paume. paupière. poire. poirier. poitrine. poivre. puiné. puiser, rainette. raisain. raison. raisonnable. rauque. heureuse. roide. roitelet. rouage. rouble. roucouler. roue. rouet. rouge. rougeâtre. rougir. roulage. rouler. roulier. route. routine. ruine. ruiner. ruineuse. saine. saisi. saisie. saisir. saison. sauce. saucisse. saule. saumon. sauter. sauterelle. sauvage. sauvegarde. sauver. seule. seulette. soie. soierie. soixantaine. soixante. soixantième. souche. souci. soudaine. Soudan. souder. soudure. soufre. souhaiter. soulager. soulier.

soumission. soupe. soupir. souple. sourire. soutane. soutenir. soutien. souvenir. souveraineté. taie. taire. taupe. taupinière. taudis. toile. toilette. toise. toison. touché. toupet. tourelle. tourillon. toute. tuile. tuilier. tuyau. vaine. vaudeville. vaurien. veuve. veuvage. voici. voilà. voie. voile. voisinage. voiture. voulu. voulue. voûte.

Jambée. enjambée. menacée. lacée. demandée. retardée. biffée. ménagée. affligée. obligée. mêlée. démêlée. avalée. rimée. animée. ramenée. menée. huppée. enveloppée. purée. épurée. récompensée. amusée. éventée. ameutée. montée. levée. relevée.

Amphibie. lubie. maladie. hardie. perfidie. magie. bougie. pâlie. Amélie. amie. demie. unie. rajeunie. harmonie. manie. rêverie. écurie. verrerie. boucherie. mairie. pairie. paralysie. Syrie. sortie. eucharistie. envie. ravie.

Bue. reçue. vendue. rendue. ambigüe. cigüe. velue. relue. émue. revenue. retenue. rue. massue. battue. tortue. laitue. revêtue. vue. revue. yeux. furieux. vieux. mieux. précieux. pays. paysan. soyons. soyez. joyeux. ainsi. aussi.

Phrases à épeler et à lire.

Votre frère est un aimable jeune homme, il aime bien à lire avec moi. Le feu du ciel est tombé sur cette auberge qui a été réduite en cendre. Auguste est d'une audace au jeu peu commune, il dissipera bientôt toute sa fortune. Cette jeune et bonne fille fer l'aumône à ce pauvre homme que la grêl a ruiné. Ce scélérat va mourir coupable d douze crimes épouvantables. Ma cousin sera la cause que je ne ferai pas mon ouvrage Cette jeune laitière qui va couper du seigl avec sa faucille se regarde comme bien heu reuse d'être bien portante. On mangera de huîtres au diner si l'on se lève à six heu res du matin. Si tu causes avec lui tu aura le fouet. Cette ouvrière aime à faufiler e à coudre son ouvrage. Une jeune bergèr aime à jouer sur la fougère avec son chie et sa houlette. Elle aura un goître si ell continue de boire de l'eau aussi corrompue Dieu parle aux hommes par la conscience, tribunal suprême de toutes nos actions. La conscience est un sûr guide au milieu de la fougue des passions, suivez-la, dit un cri intérieur, comme un guide sûr d'une bonne conduite. L'arrivée du coucou annonce que la belle saison va ranimer la nature d'une nouvelle vie. La raison, don précieux du ciel, porte l'homme au bien malgré lui. L'homme sauvage affamé est féroce et furieux comme un tigre, il mange son semblable avec une joie sanguinaire. Il en coûte bien peu de faire le bien à celui qui en a la douce habitude.

OBSERVATIONS.

Avant d'expliquer la formation des syllabes de quatre lettres, nous croyons qu'il est temps de faire remarquer 1.° que le *d*, l' *s* et le *t*, ne se prononçant pas à la fin d'une foule

foule de mots, ces syllabes rentrent dans la classe de celles de trois lettres, exemples; *dans*, *sans*, *sens*, *je mens*, *tu mens*, *il ment*, *je sens*, *tu sens*, *il sent*, *durant*, *pendant*, *avant*, *auparavant*, *souvent*, *mouvement*, *entendement*, *sentiment*, *serment*, *enfant*, *gant*, *brigand*, *ils sont*, *ils vont*, *ils auront*, *ils seront*, etc. :

Les hommes iront à Paris, et les femmes resteront à la maison :

2.° Que l' *nt* précédé d'un *e* ne se prononçant pas non plus à la fin de certains mots qui expriment un état de plusieurs personnes ou choses, ou une action faite par plusieurs personnes ou choses, ces syllabes doivent être rangées parmi les syllabes de deux ou de trois lettres, exemple;

Ces personnes mangent, boivent, dorment, mentent, marchent, dansent, sautent, semblent; ces choses ne valent rien, ne suffisent pas, ne conduisent à rien, doivent faire mourir, expliquent et rendent bien ma pensée, donnent une bonne explication, etc. :

3.° Que, la simplicité étant la mère de la clarté, il vaut mieux décomposer les mots en syllabes simples que d'en faire de compliquées, par exemple : *pigeon*, *mangeons*, *feuille*, *souiller*, peuvent se décomposer en trois syllabes, *obligeons*, en quatre; en ayant soin seulement de faire observer que la prononciation rapide et entière du mot, peut altérer ou changer un peu le son des syllabes; et qu'enfin cette dernière observation peut s'appliquer également aux mots suivans : *ils étaient*, *ils seraient*, *ils avaient*, *ils auraient*, *ils aimaient*, *ils aimeraient*, *ils buvaient*, *ils boiraient*, *ils mangeaient*, *ils mangeraient*, *ils dormaient*, *ils dormiraient*, *ils mentaient*, *ils mentiraient*, *ils étudiaient*, *ils étudieraient*, etc.

Syllabes de quatre lettres à épeler ou à lire.

blan,	blen,	blin,	blon,	blun,
bran,	bren,	brin,	bron,	brun,
chan,	chen,	chin,	chon,	chun,
clan,	clen,	clin,	clon,	clun,

cran, cren, crin, cron, crun.
dran, dren, drin, dron, drun.
flan, flen, flin, flon, flun.
glan, glen, glin, glon, glun.
gran, gren, grin, gron, grun.
plan, plen, plin, plon, plun.
pran, pren, prin, pron, prun.
quan, quen, quin, quon, quun.
span, spen, spin, spon, spun.
scan, scen, scin, scon, scun.
stan, sten, stin, ston, stun.
tran, tren, trin, tron, trun.
vran, vren, vrin, vron, vrun.
blas, bles, blis, blos, blus.
braf, bref, brif, brof, bruf.
brat, bret, brit, brot, brut.
chal, chel, chil, chol, chul.
char, cher, chir, chor, chur.
chas, ches, chis, chos, chus.
chat, chet, chit, chot, chut.
clar, cler, clir, clor, clur.
clas, cles, clis, clos, clus.
cras, cres, cris, cros, crus.
dras, dres, dris, dros, drus.
flas, fles, flis, flos, flus.
fras, fres, fris, fros, frus.
glas, gles, glis, glos, glus.
gnar, gner, gnir, gnor, gnur.
gnas, gnes, gnis, gnos, gnus.
gnat, gnet, gnit, gnot, gnut.
graf, gref, grif, grof, gruf.
grat, gret, grit, grot, grut.
guar, guer, guir, guor, guur.

guas,	gues,	guis,	guos,	guus.
guat,	guet,	guit,	guot,	guut.
l'har,	l'her,	l'hir,	l'hor,	l'hur.
plas,	ples,	plis,	plos,	plus.
plat,	plet,	plit,	plot,	plut.
pras,	pres,	pris,	pros,	prus.
prat,	pret,	prit,	prot,	prut.
qual,	quel,	quil,	quol,	quul.
quas,	ques,	quis,	quos,	quus.
quat,	quet,	quit,	quot,	quut.
spas,	spes,	spis,	spos,	spus.
tras,	tres,	tris,	tros,	trus.
trat,	tret,	trit,	trot,	trut.
vras,	vres,	vris,	vros,	vrus.
vrat,	vret,	vrit,	vrot,	vrut.
chra,	chre,	chri,	crho,	chru.
phra,	phre,	phri,	phro,	phru.
stra,	stre,	stri,	stro,	stru.

Mots à épeler ou à lire.

Blanche. blanchâtre. blanchir. blanquette. blin. blindage. blond. blonde. blondin. blondine. blondir. blondissant. blondissante. brancard. branchage. branche. branchu. brandevin. brandon. brin. brin-à-brin. broncher. bronze. bronzé. bronzée. bronzer. brun. chance. chandelle. change. changeant. changeante. changement. changer. chanson. chantant. chantante. chanter. chantier. chanvre. clandestin. cran. crin. cadran. mandrin. flandrin. flanquant. flanquante. flanqué. gland. glande.

grand. grande. grandir. grange. grandissime. grincement. grincer. grondable. gronder. gronderie. plan. planche. plancher. plantage. plantation. plante. planter. plinthe. plongeant. plongeante. plongée. plongeon. plonger. prendre. prince. princesse. principal. principauté. principe. printanier. printemps. quand. quant. quantième. quantité. qu'en dira-t-on. quinquagénaire. quinquagésime. quinquennal. quinquina. quintal. quintau. quintescence. quintuple. quinzaine. quinze. quinzième. spondée. spongieux. spongieuse. spontané. spontanément. scandale. scandaliser. scander. stances. tranchant. tranchante. tranche. trancher. tranche-montagne. tranquille. trentaine. trente. trentième. tringle. trinquer. tronçon. blasphème. blasphemer. blesser. blessure. blette. bras. brasse. brasserie. brisque. brosse. brosser. brusque. brusquer. brut. charbon. charbonnier. charcutier. chardon. chardonneret. charge. charger. charlatan. charlatanisme. charmant. charmante. charmer. charmille. charnière. charpente. charpentier. charrette. charrue. charte. cher. cherté. chercher. chat. chasse. chasser. chasselas. je blanchis, tu blanchis, il blanchit. chat. chatte. chat-huant. chut. clarté. classe. classification. classique. clisse. clos. perclus. crasse. cresson. crispation. cristal. cristallisation. crosse. tu viendras. tu voudras. dresser. flasque. frisson. frustrer. glissade. mignardise. baigner. saigner. tu gagnas. qu'il gagnât. beignet. assignat. gras. grassement. gris. gros.

grosse. grossier. grossir. ingrat. regret. guerre. guerrier. languir, tu languis, il languit. l'harmonie. l'hermite. l'hirondelle. l'horloge. plastron. plisser. plus. plat. complet. replet. tu remplis. il remplit. complot. je plus. tu plus. il plut. pressant. presse. pressentir. pression. prestige, pris. prisme. proscrire. proscrite. prospérer. prosternation. Prusse. prussien. prêt. je pris. tu pris il prit. question. questionner. quittance. quitte. quitter. spasme. spasmodique. tu entras. qu'il entrât, très. tresse. triste. tristesse. trot. trotter. tu ouvris. il ouvrit. chrétien. chrétienne. chronique. phrase. stratagême.

Phrases à épeler ou à lire.

Le printemps est la plus belle et la plus agréable saison de l'année. On dit que les blonds et les blondes ne blanchissent pas aussi vîte que les autres. Dans plusieurs pays on étaye le chanvre brin à brin. Le bronze est un métal qui sert à la fabrication des pièces de canon. La chandelle mérite d'être classée parmi les choses de première nécessité. La fortune est inconstante, change souvent comme le vent. On change de la marchandise contre d'autres. On chantera à table une chanson à la ronde. Cet ouvrage de fortification flanque un bastion redoutable. On dit que le gland a été le premier aliment des hommes. L'homme grandit jusqu'à l'âge de vingt-cinq ans. Cet écolier sera grondé s'il n'étudie pas sa leçon. Ce plancher va tomber s'il n'est pas soutenu. On plante avant et après l'hiver. Un jeune homme a traversé la rivière en plongeant. On prendra des mesures qui empêcheront que cet accident n'arrive. Le prince et la princesse sont arrivés ce matin en poste. Quand on a de bons principes il est facile de réussir en ce qu'on entreprend. Quant à toi tu n'apprendras rien, si tu ne t'appliques pas davantage. Il est arrivé une grande quantité de marchandises en un port de France. Le quinquina est une substance plus nuisible qu'utile. On vend au quintal bien des marchandises. Vers la quinzaine de Pâque on ira habiter la campagne. Cette affaire a causé un grand scandale dans le quartier. Cette personne a une manière de raisonner bien tranchante. On mange ordinairement des tranches de jambon au déjeûner. Il est plus salutaire de prendre de l'exercice que de rester tranquille en place. Trente ou quarante brigands viennent d'être arrêtés. Ce soldat a été blessé au bras à l'attaque du Trocadero. Le blasphême est un outrage à la divinité ou une insulte à la religion. La fumée du charbon cause souvent la mort. On a pris dans le jardin un petit chardonneret. Le charlatanisme est la crasse de la science. Une belle charmille embellit les environs d'une maison. Ce charmant cheval sera vendu mille écus. La charrue est la machine la plus utile à l'homme civilisé. La charte constitutionnelle a été donnée volontairement par le Roi à la nation. La chasse est un exercice utile et agréable. A bon chat, bon rat. Le chat-huant n'aime pas la lumière, il préfère l'obscurité à la clarté. On appelle classe le lieu où se réunissent plusieurs écoliers. Cet enfant est perclus d'un de ses membres. on mange volontiers une salade de cresson avec le rôti. Quand tu voudras aller aux noces de ta cousine tu viendras coucher chez ton oncle. On frissonne de colère quand on entend dire des choses semblables. C'est gâter les enfans que de les mignarder. On mangera des beignets le mardi gras. Un homme grossier ne mérite que du mépris. quand on est ingrat on a l'ame bien noire ou l'on se prépare bien des regrets. La guerre est regardée comme un mal nécessaire. L'hirondelle revient habiter les mêmes lieux. La pression de l'atmosphère est plus grande qu'on ne le pense. On juge souvent les autres au travers du prisme des passions. Le royaume de Prusse a été entièrement conquis par l'armée Française. Cette dame a une maladie spasmodique chronique. La tristesse est une sensation pénible de l'âme. Un véritable chrétien a de l'humanité, car Dieu n'ordonne pas aux hommes de s'entr'égorger.

Autres syllabes de quatre lettres à épeler ou à lire.

Bail,	bain,	bair,	bais,	bait.
Cail,	cain,	cair,	cais,	cait.
Dail,	dain,	dair,	dais,	dait.

Fail, fain, fair, fais, fait. faix.
Gail, gain, gair, gais, gait.
Lail, lain, lair, lais, lait, laix.
Mail, main, mair, mais, mait.
Nail, nain, nair, nais, nait.
Pail, pain, pair, pais, pait, paix.
Rail, rain, rair, rais, rait.
Sail, sain, sair, sais, sait.
Tail, tain, tair, tais, tait.
Vail, vain, vair, vais, vait.
Blai, blau, bleu, bloi, blou, blui.
Brai, brau, breu, broi, brou, brui.
Chai, chau, cheu, choi, chou, chui.
Clai, clau, cleu, cloi, clou, clui.
Crai, crau, creu, croi, crou, crui.
Drai, drau, dreu, droi, drou, drui,
Flai, flau, fleu, floi, flou, flui,
Frai, frau, freu, froi, frou, frui,
Glai, glau, gleu, gloi, glou, glui.
Gnai, gnau, gneu, gnoi, gnou, gnui.
Grai, grau, greu, groi, grou, grui.
L'hai, l'hau, l'heu, l'hoi, l'hou, l'hui.
Plai, plau, pleu, ploi, plou, plui.
Quai, quau, queu, quoi, quou, quui.
Scai, scau, sceu, scoi, scou, scui.
Spai, spau, speu, spoi, spou, spui.
Stai, stau, steu, stoi, stou, stui.
Trai, trau, treu, troi, trou, trui.
Vrai, vrau, vreu, vroi, vrou, vrui.
Blée, brée, chée, clée, crée, drée.
Flée, frée, glée, gnée, grée, guée.
Plée, prée, spée, stée, trée, vrée.
Blie, brie, chie, clie, crie, drie.
Flie, frie, glie, gnie, grie, guie.
Plie, prie, spie, stie, trie, vrie.
Blue, brue, chuc, clue, crue, cruc.
Flue, frue, glue, gnue, grue, gueu.
Plue, prue, spuc, stue, true, vrue.

Mots à épeler ou à lire.

Bail. bailler. baillé. baillon. baillonner. bain-marie. baisse. baisser. abaisser. baissière. tu enjambais. il enjambait. caille. s'écailler. caillotin. caillou. caisse. caissier. caisson. j'avançais. tu avançais. il avançait. mondain. je demandais. tu demandais. il demandait. faillir. je faillis. tu faillis. il faillit. failitte. faim. je fais. tu fais. il fait. porte-faix. gaillard. gaillarde. gaillardise. gain. je mangeais. tu mangeais. il mangeait. vilain. l'air. je voulais. tu voulais. il voulait. Morlaix. maille. maillet. mailloche. emmailloter. main. main-morte. maintenant. maintenir. maintien. mais. jamais. j'aimais. tu aimais. il aimait. gouvernail. canaille. nain. naissance. naissant. naissante. je menais. tu menais. il menait. paillasse. paillasson. paille. pain. pair de France. je coupais. tu coupais. il coupait. railler. raillerie. railleuse. parrain. j'aimerais. tu aimerais. il aimerait. saillant. saillante. saillie. saint. sainte. saintement. barbe. je sais. tu sais. il sait. je faisais. tu faisais. il faisait. taille. tailler. taillis. étain. je chantais. tu chantais. il chantait. vaillance. vaillant. vaillante. vaillantise. vain. vaincre. vaincu. vaisselle. je buvais. tu buvais. il buvait. bleu. bleuâtre. bleuir. blouse. se blouser. braire. braise. braisier. hébreu. ambroise. brouette. brouetter. bruine. bruiner. chaîne. chaînette. chainon. chaire. chaise. chaud. chaude. chaudement. chaudière. chauve-souris. chercheur. chercheuse. choisir. je choisis. tu choisis. il choisit. chou. chouette. clair. claire. clairement. clairon. clause. cloison. cloître. cloitrer. clou. clouer. clouter. clouterie. cloutier. crayon. crayonner. creuser. creuset, creux. creuse. croire. croyable. croyant. croisade. croisé. croisée. croiser. croissant. croître. croix. croulant croulante. crouler. croupe. croupière. croupir. croûte. croûton. je fendrai. je vendrai. je rendrai. droit. droite. droiture. Druide. fleurir. fleuraison. fleuret. fleurette. fleuri. fleurie. fleurir. fleuriste. fleuve. fluide. fluidité. frai. fraichement. frais. fraiche. fraise. fraisier. fraude. frauder. frauduleusement. froid. froide. froidement. froidir. froidure. fruit. fruité. fruitier. glaire. glaise. glaive. gloire. glorieux. glorieuse. glouglou. glouton. gloutonne. graine. grainier. groupe. grouper. cagneuse. quai. quoi. l'heure. l'heureuse. l'huile. l'huilier. l'huissier. l'huître. plaidable. plaidant. plaidante. plaider. plaidoirie. plaie. plaignant. plaignante. plaire. plaisance. plaisanter. plaisanterie. plaisir. plausible. plausiblement. ployer. traînant. traînante. traînée. traîner. traîné. traitable. traiter. traitement. trois. troisième. trou. trouble. troubler, troué. troupe. trouver. trouvaille. truie. truite. vrai. vraie. vraiment. vraisemblable. vraisemblance.

Phrases à épeler ou à lire.

Autrefois on appelait Bailli celui qui était chargé de rendre la justice dans l'étendue d'un certain ressort. Les bains sont en général salutaires quand ils sont pris à temps, ordinairement avant les repas. On dit que les fonds de l'état ont éprouvé une forte baisse. La Caille est justement regardée comme un gibier très-délicat. On appelle caillotin un fromage frais obtenu par une prompte décomposition du lait. Ce scélérat reculait à mesure que l'on avançait sur lui. Si cet écolier voulait aller se promener au lieu de travailler il ne faudrait pas le souffrir. En se promenant sur une haute mantagne mon parrain a failli tomber en un précipice. Si cet enfant mangeait une grande quantité de fruits il se rendrait malade. L'air étant le principal aliment de la vie, on ne saurait en respirer un trop bon, et bien des personnes sont malades pour en respirer un mauvais. Maintenant que cet enfant sait bien épeler s'il aimait à travailler il saurait bientôt lire. Ce n'est pas la naissance, mais les sentimens et l'èducation qui font la dif-différence. Jadis il existait un pair de France qui n'aimait pas la raillerie. Si cet enfant coupait du pain il s'exposerait à se blesser. Si l'on voulait croire cet écolier il ne ferait que jouer et n'étudierait pas sa leçon. Les saints et les saintes sont ensemble dans le paradis où ils jouissent éternellement de la vue de Dieu. Une jeune fille chantait une chanson vaillante tandis qu'on buvait à la ronde. A vaincre sans péril on triomphe sans gloire. Un innocent qui brise ses chaînes est plus furieux qu'un autre. Le pauvre dans sa chaumière et sur la paille repose souvent mieux que le riche dans son palais. Quand on s'amuse à lire il convient de bien choisir ses livres, car il en est de bons et de mauvais. La vie est comme un fleuve qu'on descend malgré soi et qu'on ne remonte jamais. En médecine on voit souvent clairement qu'on ne sait rien. On devrait passer au creuset de la raison toutes nos actions et notre conduite. On se sert plus volontiers de la main droite que de la main gauche. Les croisades, entreprises pour la conquête de la terre sainte, n'ont pas réussi, parce qu'elles étaient contraires à la raison, et qu'il n'est pas humain d'égorger des peuples pour les rendre chrétiens. L'histoire rapporte que les murs de Jéricho se sont écroulés au son des trompettes guerrières du peuple d'Israël. Les fluides, à l'état de gaz, ne nous sont connus que par les propriétés qui les caractérisent. L'air est un fluide qu'on ne voit pas, qu'on ne sent pas, mais cependant tellement bon et salutaire qu'on ne peut pas vivre un quart d'heure sans en respirer. Les températures extrêmes, chaudes ou froides, sont également contraires à la santé des malades. Dans certains pays on mange des fraises pendant toute la belle saison. Jamais l'homme avec toute sa sience ne produira ce que fait seule la nature, par exemple, un fruit. On ignore encore, je crois, comment l'huître se reproduit. Les mauvais procès sont comme des plaies qui saignent long-temps. Le lac de Genève produit des truites qui sont très-renommées à Paris.

Autres syllabes à épeler ou à lire.

Baus,	baut,	baux.	Beur,	beus,	beut,	beux.
Caus,	caut,	caux.	Ceur,	ceus,	ceut,	ceux.
Daus,	daut,	daux.	Deur,	deus,	deut,	deux.
Faus,	faut,	faux.	Feur,	feus,	feut,	feux.
Gaus,	gaut,	gaux.	Geur,	geus,	geut,	geux.
Haus,	haut,	haux.	Heur,	heus,	heut,	heux.
Jaus,	jaut,	jaux.	Jeur,	jeus,	jeut,	jeux.
Laus,	laut,	laux.	Leur,	leus,	leut,	leux.
Maus,	maut,	maux.	Meur,	meus,	meut,	meux.
Naus,	naut,	naux.	Neur,	neus,	neut,	neux.
Paus,	paut,	paux.	Peur,	peus,	peut,	peux.
Raus,	raut,	raux.	Reur,	reus,	reut,	reux.
Saus,	saut,	saux.	Seur,	seus,	seut,	seux.
Taus,	taut,	taux.	Teur,	teus,	teut,	teux.
Vaus,	vaut,	vaux.	Veur,	veus,	veut,	veux.

Bour,	bous,	bout,	boux.	Buir,	buis,	buit.
Cour,	cous,	cout,	coux.	Cuir,	cuis,	cuit.
Dour,	dous,	dout,	doux.	Duir,	duis,	duit.
Four,	fous,	fout,	foux.	Fuir,	fuis,	fuit.
Gour,	gous,	gout,	goux.	Guir,	guis,	guit.
Hour,	hous,	hout,	houx.	Huir,	huis,	huit.
Jour,	jous,	jout,	joux.	Juif,	juil,	juin.
Lour,	lous,	lout,	loux.	Luir,	luis,	luit.
Mour,	mous,	mout,	moux.	Muir,	muis,	muit.
Nour,	nous,	nout,	noux.	Nuir,	nuis,	nuit.

Pour,	pous,	pout,	poux.	Puir,	puis,	puit.
Rour,	rous,	rout,	roux.	Ruir,	ruis,	ruit.
Sour,	sous,	sout,	soux.	Suir,	suis,	suit.
Tour,	tous,	tout,	toux.	Tuir,	tuis,	tuit.
Vour,	vous,	vout,	voux.	Vuir,	vuis,	vuit.

Boin,	boir,	bois,	boit,	boix.	beau,	beil.
Coin,	coir,	cois,	coit,	coix.	ceau,	cœu.
Doin,	doir,	dois,	doit,	doix.	deau,	doie.
Foin,	foir,	fois,	foit,	foix.	feau,	foie.
Goin,	goir,	gois,	goit,	goix.	geau,	geil.
Hoin,	hoir,	hois,	hoit,	hoix.	heau,	heil.
Join,	joir,	jois,	joit,	joix.	Jeau,	joie.
Loin,	loir,	lois,	loit,	loix.	leau,	loie.
Moin,	moir,	mois,	moit,	moix.	meau,	meil.
Noin,	noir,	nois,	noit,	noix.	neau,	nœu.
Poin,	poir,	pois,	poit,	poix.	peau,	peil.
Roin,	roir,	rois,	roit,	roix.	reau,	reil.
Soin,	soir,	sois,	soit,	soix.	seau,	soie.
Toin,	toir,	tois,	toit,	toix	teau,	teil.
Voin,	voir,	vois,	voit,	voix	veau,	veil.

Phrases à lire

La terre est ronde et tourne autour du soleil comme centre du mouvement. Le temps fuit, le temps irréparable, tâchons de le mettre à profit. L'homme doit être bon, honnête et toujours prêt à rendre service à son semblable.

On ne doit jamais manger ni boire par plaisir mais toujours par besoin ; la santé est le prix de cette bonne habitude.

La vie est un voyage, tâchons de l'embellir, jettons sur son passage des fleurs et des lis.

Mourir pour sa patrie est un sort glorieux, et qui sert bien son pays n'a pas besoin d'aïeux.

Rien n'est beau que le vrai, le vrai seul est aimable, et la bouche doit toujours être l'interprète des sentimens du cœur.

Il faut apprendre dans la jeunesse, travailler dans la

force de l'âge, pour amasser et pouvoir se reposer paisiblement au tems de la vieillesse, qui nous poursuit toujours, et que nous ne pouvons éviter sans cesser d'exister.

Celui qui est dans le malheur est ordinairement abandonné de ses amis, lui donner de sincères consolations, c'est le comble de la vertu.

La conscience, ce tribunal que l'être suprême a placé au fond des cœurs, est le plus sûr guide de notre conduite et de nos actions.

Le plus grand plaisir d'un honnête homme, c'est d'être en paix avec sa conscience.

Celui qui n'a point de conscience ne peut avoir aucune vertu; c'est l'homme le plus dangereux et le plus vil que la terre puisse porter; pour lui la religion même n'est souvent qu'un masque pour commettre les plus grands crimes.

Le serment fait volontairement, et avec toute liberté de conscience, est le lien le plus sacré de tous.

L'honneur est comme une île escarpée et sans bords, on n'y peut plus rentrer dès qu'on en est dehors.

La religion doit apprendre à faire le bien et à fuir le mal; la clémence, la justice et l'humanité sont ses véritables bases: l'homme, en général, est bon: quelques hommes seuls sont méchans: l'homme de bien qui a vécu long-temps est celui qui plaît le plus à la divinité. L'intempérance est la mère de tous les vices, et la sobriété la mère de toutes les vertus.

La lecture des bons livres est pour l'esprit ce que sont les bons alimens pour le corps.

Nature n'est point un mot vide de sens, c'est le nom d'une puissante volonté que nous ne connaissons bien que par ses effets, et que nous ne pouvons pas révoquer en doute sans méconnaître notre propre existence.

DERNIÈRES OBSERVATIONS.

Nous n'avons pas donné un tableau de syllabes de cinq lettres parce qu'elles ne sont pas assez nombreuses et qu'elles rentrent presque toutes par la décomposition ou la prociation dans celles que nous avons examinées ; les syllabes de cinq lettres qui nous ont paru les plus remarquables se trouvent dans les mots suivans : *braillard : brailler, craindre , crainte , plaindre , plainte , train , croissant , transplanter , transplantation , trousseau , frein , plein , grain , graisse , agneau , cueillir , deuil , feuille , orgueil , neuilly , écureuil , seuil , fauteuil , que je veuille , que tu veuilles , qu'il veuille , seigneur , sabreur , chercheur , liqueur , pleurs , bœuf , mœurs , vœux , cœur , sœur , langueur.*

Nous n'avons point la prétention de croire qu'un enfant puisse apprendre parfaitement à lire seulement avec notre alphabet, mais nous pensons que si on a le soin de le lui faire relire rapidement, et ensuite de l'exercer dans un livre facile, tel que le cathéchisme ou un alphabet qui contienne de petites histoires, il sera bientôt en état de lire dans toute sorte de livres.

Enfin nous ferons observer qu'au lieu de vouloir apprendre aux enfans à lire dans les papiers, il vaut mieux leur apprendre à écrire ; que, rigoureusement parlant, on sait écrire quand on sait faire les vingt-cinq lettres de l'alphabet ; qu'il vaut encore mieux mal écrire que ne point savoir du tout ; et que c'est un mécanisme des doigts qu'on peut rapprendre à tout âge.

Nota. On nous a reproché : 1.° d'avoir mis dans nos tableaux des syllabes qui ne se trouvent pas en français : 2.° d'avoir donné, pour exemples à lire, des mots qui ne sont pas à la portée de l'intelligence des enfans : 3.° d'avoir donné des exemples trop longs.

Pour nous justifier, s'il est possible, de ces reproches, nous dirons : 1.° que, nos tableaux étant symétriques, nous avons dû sacrifier à cette loi la rigueur de la langue, d'autant plus volontiers que ce superflu de syllabes ne peut nuire aux progrès des enfans, qui apprennent toujours mieux par symétrie qu'autrement ; 2.° que nous nous sommes surtout proposé de ne donner à lire que des mots formés de syllabes contenues dans les précédens tableaux, et que s'ils ne sont pas tous à la portée de l'intelligence des enfans, c'est un inconvénient inévitable : 3.° que nous avons jugé convenable, pour indiquer la marche à suivre, de rendre les exemples plus longs à mesure que les enfans apprenaient à lire.

FIN.

www.ingramcontent.com/pod-product-compliance
Ingram Content Group UK Ltd.
Pitfield, Milton Keynes, MK11 3LW, UK
UKHW012112240726
13965UKWH00004B/1726